亲密接触

丝路国家（四）

QINMI JIECHU SILU GUOJIA

丛书主编 / 王义桅

分册主编 / 田金鹭　李耀华

新世界出版社
NEW WORLD PRESS

图书在版编目（CIP）数据

亲密接触丝路国家. 四 / 田金鹭，李耀华分册主编. --北京 : 新世界出版社，2018.2（2021.1重印）
（“一带一路”读本 / 王义桅主编）
ISBN 978-7-5104-6288-7

Ⅰ. ①亲… Ⅱ. ①田… ②李… Ⅲ. ①“一带一路”-国际合作-青少年读物 Ⅳ. ①F125-49

中国版本图书馆CIP数据核字(2018)第005861号

亲密接触丝路国家（四）

分册主编：田金鹭　李耀华
责任编辑：曲衍立
责任印制：王宝根　章莹莹
出版发行：新世界出版社
社　　址：北京西城区百万庄大街24号(100037)
发 行 部：(010)6899 5968　(010)6899 8705（传真）
总 编 室：(010)6899 5424　(010)6832 6679（传真）
网　　址：http://www.nwp.cn
http://www.nwp.com.cn
版 权 部：+8610 6899 6306
版权部电子信箱：nwpcd@sina.com
印　　刷：合肥华云印务有限责任公司
经　　销：新华书店
开　　本：787mm×1092mm 1/16
字　　数：65千字　　　　印　　张：4.25
版　　次：2018年2月第1版　2021年1月第4次印刷
书　　号：ISBN 978-7-5104-6288-7
定　　价：13.50元

我们与收入本书的作品（包括图片、画作）的作者进行了广泛联系，得到了他们的大力支持，对此我们表示衷心感谢。但仍有部分作者未能联系上，烦请作者与我们联系，以便支付稿酬。

前　言

同学们，今天，如果你们去欧洲、非洲的国家旅游，会选择什么样的交通工具呢？

是飞机，是火车，还是豪华游轮？

不管选择哪一种，便捷高效的交通，都将远在天边的国家，变得似乎近在咫尺，也将我们的地球，变成了一个地球村。

但是，你们有没有想过，在古代，陆上丝绸之路上黄沙漫天，马儿和骆驼驮着我们的使者，一步步走向西域；海上丝绸之路上海浪翻滚，水手驾着木质的帆船，乘风破浪，历尽千辛，驶向遥远的彼方。在他们眼里，世界是那么大，路途是那么远。

是什么，让他们勇于踏上征程？他们的行囊里有什么珍贵宝藏？遥远的国度又是何等模样？

是什么，让他们拍手称奇，让他们停下脚步，沉醉在异国他乡？

又是什么，跟随着西去东来者的脚步，在异国他乡留下自己的印记，又或是落地生根，盛开文明之花？

这套书会一一为你解答。

漫漫丝路，孕育的不仅仅是一片片繁荣的乐土，还有“和平合作、开放包容、互学互鉴、互利共赢”的丝路精神。放眼今日，也许曾经喧闹的商路已经变得人迹罕至，也许曾经繁华的市镇已经变了模样，但是丝路精神，依旧长盛不衰，源远流长。它融进了21世纪“一带一路”的建设中，为古代丝绸之路注入新的活力。

假期伊始，我们的小主人公洋洋和丫丫，跟随着博学多识的卡尔叔叔，开启了一段别开生面的丝路之旅。爱好阅读的洋洋，这次不仅要读万卷书，也要行万里路了！对世界充满好奇的丫丫，在沿途又会有什么新的发现呢？

快和我们的主人公一起，去探访丝路上的秘密，看看古代丝路商旅、使者眼中的世界，感受这条千年商路的变迁。在图文并茂的阅读体验中，开阔眼界，增长知识；在“知识链接”的帮助下，排疑解难，加深理解；在“课后思考”的指引下，深入思考，探寻真知。

还等什么，快打开这本书吧！

目录

第一课 椰枣之国——伊拉克 1

第二课 文明的摇篮——土耳其（一） 9

第三课 文明的摇篮——土耳其（二） 17

第四课 石油王国——沙特阿拉伯 26

第五课 沙漠中的珍珠——阿拉伯联合酋长国 34

第六课 古文明环绕——约旦河流域的国家（一） 41

第七课 古文明环绕——约旦河流域的国家（二） 47

第八课 文明古国——埃及（一） 53

第九课 文明古国——埃及（二） 59

第一课 椰枣之国——伊拉克

卡尔叔叔一行人寻访丝路国家的旅行还在继续，离开了伊朗，他们来到了伊拉克的首都——巴格达。伊拉克和伊朗一样，也是一个伊斯兰国家。

蓝天白云下的巴格达

“卡尔叔叔，听说伊拉克是世界四大文明古国之一——古巴比伦的所在地，那遗址还在吗？”洋洋问道。

“古巴比伦遗址自然还在，我正要带你们去呢！”卡尔叔叔笑着说道。

巴格达底格里斯河大桥

遗失的文明

从巴格达向南驱车约 90 千米，卡尔叔叔一行三人来到了古巴比伦遗址。

古巴比伦遗址

“古巴比伦作为世界四大文明古国之一，有什么了不起的地方吗？”丫丫望着眼前有点荒凉的遗址，好奇地问道。

“有句话叫‘人不可貌相’，你可不要小瞧眼前的这片古迹。”卡尔叔叔略带严肃地说，“在这里诞生了世界上第一个城市，颁布了世界上最早的一部较为完整地保存下来的成文法典——《汉谟拉比法典》。除此之外，这里还诞生了史诗、神话、药典、历书等诸多文化经典，这些都对后来的西方文明产生了很深的影响。”

一行人走近遗址，只见一座高大的城门，门的上端是拱形顶盖，两边同残破而高大厚实的旧城墙相连。丫丫和洋洋看着新旧相接的地方，有点不解。

《汉谟拉比法典》浮雕

“这是伊拉克后来修建的城门，城墙是之前遗留下来的。”卡尔叔叔看出了他们的疑惑，解释道。

城内修建了博物馆，馆内陈列着出土的古巴比伦文物。在这里卡尔叔叔一行人看到了两件最为珍贵的展品：一件是根据出土文物复制成的巴比伦古城模型；另一件是高近 2 米的黑色闪绿岩石碑，碑的上半部为精致的浮雕，下半部好像是文字。

“卡尔叔叔，这上面刻的到底是什么啊？”洋洋一贯对文物比较感兴趣。

“石碑的上半部刻的是太阳神将权标授予巴比伦国王汉谟拉比的情景；下半部是用楔形文字刻记的《汉谟拉比法典》全文。”卡尔叔叔回答道。

“哇！这可是几千年前的法典啊！”丫丫感叹道。

“不，不，”卡尔叔叔边看笔记本边摇头，“我们看到的这个是复制品哦，真品在法国巴黎卢浮宫博物馆。”

“看来，伊拉克也要加强对文物的保护了。”洋洋想到我们国家也有很多

文物遗散在世界各地，有感而发。

从博物馆出来，洋洋不停地四处张望，搜寻了一圈未果，忍不住问卡尔叔叔：“卡尔叔叔，听说古巴比伦修建了一座空中花园，还被列为古代世界七大建筑奇迹之一，这个公园在哪儿？我找了一圈也没找到呢！”

“空中花园现在已经不存在了，我们要了解空中花园，只能通过后世的历史记载和近代的考古发掘。我们现在能看到的空中花园不过是后人仿古重建的，虽然一定程度上重现了其昔日的风韵，但是并不是历史上为人们所称颂的那个美妙绝伦的建筑。”卡尔叔叔回答道。

“好可惜，我们看不到了。只是，为什么叫空中花园呢？是吊在空中的吗？”丫丫根据字面理解道。

“据说空中花园是一个阶梯形的花园。高高的平台上，一层一层遍植奇花异草，并在园中开辟了幽静的山间小道，小道旁是潺潺流水。工匠们还在花园中央修建了一座城楼，矗立在空中。整个花园由镶嵌着彩色狮子的高墙环绕，非常漂亮。”卡尔叔叔双眼微闭，边说边在脑海里想象着美丽的空中花园。

画家们想象的空中花园

“卡尔叔叔，您知道为什么建这样的花园吗？”洋洋开始刨根问底了。

“新巴比伦有一个国王，叫尼布甲尼撒二世，他娶了一位公主为王后。公主美丽可人，深得国王的宠爱。可是时间一长，公主愁容渐生。国王不知何故，公主说：‘我的家乡山峦叠翠，花草丛生。而这里是一望无际的平原，连个小山丘都找不到，我多么渴望能再见到我们家乡的山岭和盘山小道啊！’原来公主得了思乡病。于是，尼布甲尼撒二世令工匠按照公主家乡的景色，修建了这座花园。”卡尔叔叔讲了一个美丽的故事。

“只可惜这么美丽的花园和古巴比伦其他的著名建筑一样，早已湮没在滚滚黄沙之中了……”洋洋看着眼前的遗址感叹道。

“不要这么伤感嘛！”卡尔叔叔鼓励道，“来这里只是为了让你们感受一下伊拉克的古老与辉煌。”

“那我们去哪里了解现代的伊拉克呢？”丫丫迫不及待地问道。

“接下来我们就去好好探寻一下伊拉克的首都巴格达吧。”卡尔叔叔早已做好了安排。

知识链接

椰枣，号称“真主安拉赐予伊拉克的礼物”，每一个伊拉克人都以此为傲。全世界有80%的椰枣树生长在伊拉克境内。椰枣树树冠美丽，适于庭院栽培，供观赏或做行道树。巴格达郊区有成片成片的椰枣林。椰枣营养丰富，富含果糖，唐代就已传入我国。

伊拉克椰枣

巴格达：《一千零一夜》的故乡

“卡尔叔叔，我还想更全面地了解伊拉克的历史，您能给推荐个地方吗？”洋洋一副小小历史学家的样子。

“这还不简单，我们可以去伊拉克博物馆啊，那里有伊拉克的前世今生。”卡尔叔叔很爽快地满足了洋洋的要求。

在去的路上，一行三人不禁被巴格达的美丽吸引了。

巴格达一景

一行人边走边看，好不自在。突然，丫丫跑向前去，指着一处雕像兴奋地说："卡尔叔叔，你们快看，这是渔夫和魔瓶的雕像啊，和《一千零一夜》中描写的一样啊！"

"哈哈，"洋洋也大叫道，"丫丫你太棒了，这你都能认出来！"

"这是很正常的哦，"卡尔叔叔很淡定地说，"巴格达可是号称'一千零一夜之乡'呢，这个城市里随处可见取材于《一千零一夜》的雕像和壁画，如《阿里巴巴和四十大盗》《阿拉丁与神灯的故事》。"

渔夫和魔瓶雕像

两个孩子都读过《一千零一夜》，听到卡尔叔叔这么说，一下子把他围住，异口同声地问："为什么呢？"

"你们忘了这里是文明古国了？"卡尔叔叔开始解说了，"早在8世纪中期的时候，《一千零一夜》的故事就在以巴格达为中心的中东地区流传了。"

一行三人边说边向前走，这时又出现了一组雕像。"你们知道这是什么雕像吗？"卡尔叔叔指着雕像问道。

两个孩子都摇了摇头，但丫丫抢着说："一定也是和《一千零一夜》有关的。"

山鲁亚尔国王在聆听王妃山鲁佐德讲故事

“是的，”卡尔叔叔点了点头，“这雕像说的是山鲁亚尔国王在聆听王妃山鲁佐德讲故事。”

“难道王妃在给国王讲《一千零一夜》中的那些故事？”丫丫很有想象力。

“你们喜欢的那些故事就是这个美丽的王妃讲的。”卡尔叔叔像老爷爷讲故事一样跟孩子们说道，“相传，国王山鲁亚尔生性残暴，嫉妒心强，每日娶一个少女，第二天早晨就杀掉。山鲁佐德为拯救无辜的女子，自愿嫁给国王，用讲故事的方法吸引国王，每次讲到最精彩处，天刚好亮了。国王想知道故事的结果，因此不杀她，允许她下一夜继续讲。一直讲了一千零一夜，国王终于被打动了，从此和山鲁佐德白头偕老。”

“哇，原来是这么一回事啊！山鲁佐德太勇敢了！”丫丫向山鲁佐德的雕像竖起了大拇指。

博物馆大门

一行人很快就到了博物馆。

“这个博物馆建于20世纪20年代，是伊拉克建立最早、馆藏最丰富的博物馆。”一进去，卡尔叔叔就开始科普了。

孩子们则被众多的文物吸引了过去，认真地一个一个地欣赏。果然，从这里的展品可以了解伊拉克各个时期的历史。

展厅里的瓷器

“咦，这是中国的瓷器吗？”洋洋突然轻声地问。

卡尔叔叔走近一看，肯定地说：“是的。其实中国和伊拉克早在汉朝时就有联系。汉武帝曾派张骞出使西域，在推动丝路贸易发展的同时也带回许多有关中亚、西亚的资料。《史记·大宛列传》中提到‘条支国’，即指伊拉克。条支是波斯人对阿拉伯人的称呼，这一称呼在中国一直使用到7世纪。唐朝时，中国将阿拉伯人总称为“大食”，包括白衣大食、绿衣大食、黑衣大食，其中黑衣大食就定都巴格达。”

“那黑衣大食很喜欢中国的瓷器吗？”丫丫问道。

卡尔叔叔点点头，说：“黑衣大食的中心伊拉克是中国瓷器在西亚的主要销售地之一。唐代中期以后，中国的瓷器已经开始远销西亚和北非；宋元时期，中国瓷器仍然源源不断地被贩运到这里。在对巴格达进行的数次调查与发掘中，发现的品种丰富的中国瓷器碎片，有唐三彩式的碗、盘，有绿釉和黄釉的瓷壶碎片，其中不乏一些出自中国越窑、龙泉窑这样的名窑的瓷器。”

“这么说，虽然中国和伊拉克相距遥远，但两国的交往源远流长啊！”丫丫说道。

“历史上的巴格达可是个香饽饽呢！”卡尔叔叔赞叹道，“它利用便利的水运条件，同世界各地进行贸易，码头上经常停着几百艘货船。在繁华的巴格达市场上，有非洲的象牙、俄罗斯的毛皮和蜂蜡，还有中亚的红宝石和印度的香料。”

丫丫和洋洋听得目瞪口呆，原来很久很久以前，巴格达就是国际性大都市了。

从博物馆出来，丫丫说：“卡尔叔叔，我肚子好饿。之前在伊朗的时候吃了很多烤肉，这次能不能吃点别的啊？”卡尔叔叔想了想，说：“可以啊，这次就带你们吃烤鱼吧。”

知识链接

伊拉克烤鱼是伊拉克最名贵的菜肴之一，如同北京烤鸭一样闻名遐迩。底格里斯河盛产一种鱼，这种鱼个大、肉嫩、刺少，营养丰富，用椰枣木烤着吃味道特别好，皮脆肉嫩，香酥可口，别具风味。

一半是火焰，一半是烤鱼

伊拉克烤鱼

“我想吃蔬菜啦！”丫丫直接嚷了起来。

“好的，”卡尔叔叔点了点头，说，“只是这里最常见的蔬菜只有黄瓜和西红柿。”

“这样也是可以的啊，聊胜于无嘛！”难得丫丫还用上了成语。

饱餐一顿之后，卡尔叔叔一行人回到了酒店，准备接下来的土耳其之旅。

课后思考

1 你能说出几处伊拉克的古迹吗？

2 为什么巴格达被称为“一千零一夜之乡”呢？

第二课　文明的摇篮——土耳其（一）

当伊拉克渐渐隐没在腾起的沙尘中，卡尔叔叔一行人继续北上，他们接下来的目的地，是一个文明可以与伊拉克比肩的国度。在黑海和地中海的环绕下，蓝色成了这个国度的颜色，不过，却一改其所代表的忧郁与沉稳，与地中海明媚的阳光一起，为这个国度晕染上了明朗又神秘的浪漫色彩。这里，就是土耳其。

亚欧的十字路口

在去土耳其的飞机上，洋洋仔细研究着地图，突然吃惊地说道："这一路走走停停的，不知不觉，咱们已经到了亚洲的最西端了。再往西走，就是欧洲啦！"

"是啊，土耳其是个横跨亚欧两个大洲的国家。虽然在地图上我们看到的土耳其属于亚洲，但是这个国家在政治、经济、文化等领域都和欧洲类似，所以土耳其自认为他们属于欧洲。"飞机飞行至土耳其的伊斯坦布尔上空，卡尔叔叔向窗外俯瞰，丝丝白云下，临海而建的市镇时隐时现，建筑物鳞次栉比。草地、树丛，片片翠绿；高楼、小屋，点点朱红。虽然看不到宽阔的大马路，但是想必一条条隐没在林荫下的小街，有序地连接着市镇的每个角落。

"看，好大的一条河。"丫丫说道。

"那不是河，那是土耳其海峡。"卡尔叔叔微笑着说，"这条海峡是亚洲与欧洲的分界线，也是从黑海通往地中海的唯一通道。黑海沿岸的国家，比如乌克兰和格鲁吉亚，都将其作为唯一的出海口。所以土耳其海峡有'天下咽喉'之称，历来是兵家必争之地。"

洋洋看着地图思考着，说道："那卡尔叔叔，丝绸之路上的奇珍异宝，会不会也通过这个海峡，从西亚漂到欧洲呢？”

“说得好，洋洋！”卡尔叔叔竖起大拇指夸赞道，“部分活跃在中亚丝路上的阿拉伯商人，将我们的丝绸运送到黑海附近，遇到了活跃在此处的意大利商人。这些货物就被意大利商人通过土耳其海峡扩散到了地中海沿岸的国家，成为此地贵族们争相购买之物。在土耳其，许多重要的城市都留有丝绸之路的印记。”

“听起来土耳其真像一个连接四面八方的十字路口啊！”丫丫绘声绘色地说道。

王朝的见证，文化的交汇

飞机降落在土耳其的第一大城市伊斯坦布尔，这座美轮美奂的国际大都市，历史上曾是多个伟大王朝的首都。繁荣与衰败，和平与战乱，在这座城市留下了深深的历史烙印。

一行三人坐上了轮渡，徜徉在博斯普鲁斯海峡。这座海峡将土耳其分割成两部分，海峡西北边是欧洲，海峡东南边是亚洲。两岸风光秀丽，傍水耸立的巍峨王宫，邻岸矗立的古堡残垣，似乎都在诉说着这座城市厚重的历史。山峦起伏，绿树掩映中，一幢幢风格各异的建筑错落有致地排列着，沐浴在温暖的阳光下，显得无比恬静舒适。一行三人享受着岸上的风光，这时，一座气势恢宏的圆顶建筑群，进入洋洋和丫丫的视野。

“卡尔叔叔，前面那是清真寺吗？好壮观！”丫丫感叹道。

卡尔叔叔摇了摇头，说道：“那不是清真寺，那是圣索菲亚大教堂。”

圣索菲亚大教堂

“什么？教堂？没想到这个充满伊斯兰气息的国度会有教堂！”两个孩子惊讶道。

“伊斯坦布尔的历史悠久得很呢！这座城市在历史上光名字就有好多个，拜占庭、新罗马、君士坦丁堡……”卡尔叔叔掰着指头数着。

丫丫皱起了眉头，抱怨道：“为什么会有这么多名字呀！记不住，记不住。”

“拜占庭，这个名字听起来好耳熟啊！”洋洋回想着什么，突然眼前一亮，说道：“我记得有个拜占庭帝国！”

“没错！”卡尔叔叔点头称赞道，“在公元前7世纪，土耳其西北角，兴起了一个叫拜占庭的城市。它属于古希腊，由于它所在的地方是黑海唯一的出入口，很快便成为一个繁华的商业城市。但随着罗马帝国将古希腊吞并，拜占庭也随之沦陷。不过，得天独厚的地理位置，使这座城市受到了当时统治者的青睐，很快，拜占庭恢复了昔日光辉。”卡尔叔叔继续说道：“当时，罗马帝国的皇帝君士坦丁大帝十分喜欢这座城市，将其命名为新罗马并迁都于此。在这位皇帝去世之后，这座城市便更名为君士坦丁堡，以纪念这位皇帝。”

君士坦丁大帝

“接下来的历史我知道！”洋洋接着说道：“罗马帝国后来分裂成东罗马和西罗马，东罗马又被称作拜占庭帝国。”

卡尔叔叔点点头，说道：“没错，这时，君士坦丁堡就是拜占庭帝国的首都。拜占庭帝国盛极一时，延续千年，是欧洲历史最悠久的君主制国家。它的文化自然在这片土地上留下了深深的烙印，眼前这个大教堂，就是拜占庭风格的建筑。”

圣索菲亚大教堂内部圆顶

丫丫看着卡尔叔叔和洋洋聊得那么开心，也想加入进来，她思考了一下，问道：“我记得罗马帝国在中国古典书籍中被叫作大秦，那拜占庭帝国呢？它和古代中国有没有通过丝绸之路牵起来的缘分呢？”

“丫丫问得不错，缘分还真不小。”卡尔叔叔说道：“还记得唐朝的旅行家杜环吗？他就曾经到过东罗马帝国。那个时候，东罗马帝国被叫作拂菻国。据他记载：‘拂菻国在苫国（今叙利亚）西，隔山数千里，亦曰大秦。’”

“唐朝！原来这么早我们的祖先就造访过此地。”丫丫和洋洋忍不住惊叹。

“还有更有缘分的事呢！”卡尔叔叔神秘地一笑，说道：“你们猜，基督教是什么时候传入中国的？”

“清朝末年外国列强侵略我们的时候吗？”丫丫猜道。

“明朝吗？我记得明朝有很多传教士来到中国传教。”洋洋托腮思考着说道。

卡尔叔叔摇摇头说道：“都不是，是唐朝！”

知识链接

唐代正式传入中国的基督教被我们称作景教，由君士坦丁堡的牧首聂斯脱里于公元428—431年创立，唐朝贞观九年（635），景教僧侣阿罗本将此教传入中国，被视为最早进入中国的基督教派。景教一度在长安兴盛，其“十字寺”不仅建于长安，地方府州也有。

轮渡在博斯普鲁斯海峡上继续徜徉。

丫丫沉浸在美景中，不远处又一座圆顶城堡进入她的视野，“快看啊，又一个教堂！”

“那个不是教堂，那可是著名的蓝色清真寺！”卡尔叔叔笑道，“伊斯坦布尔见证了多个伟大的王朝，除了留下大教堂的拜占庭帝国，还有奥斯曼帝国！”

“就是那个曾经征服埃及的国家吗？”洋洋问道。

"没错，奥斯曼帝国是一个不断征战扩张的帝国。它的铁骑向北翻越了阿尔卑斯山脉，到达了奥地利维也纳。向南，它们一路征服，两河流域的文明古国，地中海对岸的埃及，都曾被它统治。"

"那这座城市是不是又改名了？改成现在的伊斯坦布尔了？"丫丫笑着猜测道。

"丫丫真聪明！"卡尔叔叔笑道，"拜占庭帝国被穆罕默德二世领导的奥斯曼帝国灭亡之后，'伊斯坦布尔'逐渐成为该城的官方名称。信仰伊斯兰教的奥斯曼帝国，要建一座可以与圣索菲亚大教堂媲美的清真寺，于是就有了我们眼前这座世界著名的蓝色清真寺。"

"为什么是蓝色的呢？"两个孩子一起发问。

"那不如我们进去看看吧！"卡尔叔叔提议道，待轮渡停靠岸边，三人向蓝色清真寺进发。

蓝色面纱下的中国珍宝

一行人来到了苏丹艾哈迈德广场，他们需要穿过这个大广场，到达对面的蓝色清真寺。

丫丫重复着广场的名字，觉得颇为拗口，问道："为什么要给广场起这么长的名字呢？"

"我们把这个名字分开来看，就容易记住了。"卡尔叔叔解释道，"苏丹是

伊斯兰国家统治者的称号，艾哈迈德则是一个人的名字。作为17世纪初奥斯曼帝国的苏丹，是他建立了眼前这座清真寺。所以，这座清真寺还有一个名字，叫作苏丹艾哈迈德清真寺。”

当一行人站在蓝色清真寺脚下时，无不被它的雄伟壮美所震撼。

“好大的圆顶！”丫丫和洋洋感叹道。

“这座清真寺的中央大圆顶直径有22米呢，如果竖着来看，22米有六七层楼那么高！寺内的大殿，可容纳3500人同时做礼拜，光窗户就290多扇呢！”卡尔叔叔说道，“这座由大理石堆叠而成的清真寺，在400多年间经历了数次大地震，依然安然无恙，不可不说是一个奇迹。”

走进清真寺内，洋洋和丫丫不禁惊呼：“好漂亮的蓝色灯光！”

“哈哈，孩子们，这可不是什么蓝色灯光，这是射入大殿的光线，照在四壁上反射出来的蓝色！”卡尔叔叔笑着解释道。

听了卡尔叔叔的解释，洋洋和丫丫跑到墙边仔细观察，只见墙面上贴着一块又一块以蓝黄为主色的瓷片，瓷片上的花纹精美绝伦，富丽中透着高雅。

蓝色的穹顶

“陶瓷是我国的特产，蓝色清真寺所用的陶瓷，是来自中国的吗？”丫丫问道。

“并不是，这些陶瓷，可都是土耳其当地人制作的！它们都来自土耳其的制陶中心——伊兹尼克。”卡尔叔叔回答道。

知识链接

伊兹尼克在15——17世纪，由于得到奥斯曼皇室的支持，以及早期帝国大规模建设需求的上升，成了土耳其重要的制砖、制陶中心。此处生产了无数优质的陶器，种类涉及碗碟、烛台、瓶子等，这些陶器的风格和花纹受到了当时来自中国元朝、明朝的瓷器的影响。

伊兹尼克陶器

“原来是受了中国瓷器的影响，那我们现在还能看到当年来到土耳其，影响了他们的陶瓷文化的中国瓷器吗？”洋洋好奇地问。

“还别说，真的可以看到！”卡尔叔叔说道。

洋洋和丫丫跟着卡尔叔叔走进了一座巍峨的城堡，城墙之内，粗壮的石质圆柱支撑起高大的廊顶，走廊宽阔，通向庭院深处。庭院中可见美丽的亭台掩映于翠绿的植被之中。

托普卡帕宫

“这里是托普卡帕宫，是当年征服君士坦丁堡的奥斯曼帝国的苏丹穆罕默德二世下令修建的。自1465年至1853年，近四百年，都是奥斯曼苏丹的官邸。现在呢，这里是土耳其最大的博物馆，我们可以在这里找到来自东方的瓷器。”卡尔叔叔解释到。

“原来是奥斯曼帝国的统治者住的地方，怪不得感觉这里既庄严又富丽。”丫丫说道。

来自中国的瓷器

在这个号称中国之外拥有中国瓷器最多的展览馆中，洋洋和丫丫沉浸在一种熟悉的、久违的中华文化的氛围之中不能自拔。灯光下，一件件雅致的青瓷艺术品，散发着东方古国独有的悠然神韵，淡然气质。

丫丫环顾四周，说道：“没想到这里有这么多瓷器。卡尔叔叔，这淡绿色的瓷器，来自中国的什么地方？”

托普卡帕宫馆藏青瓷

“这瓷器的来头可不小呢！”卡尔叔叔解释道，“它们主要来自以烧造青瓷为主的浙江龙泉窑。龙泉窑是中国历史上的一个名窑，属于宋代六大窑系。”

“快看，这里有青花瓷！”洋洋小声招呼着卡尔叔叔和丫丫。

托普卡帕宫馆藏青花瓷

“没错，这里也有来自景德镇窑的青花瓷。全世界只有托普卡帕皇宫收藏的元代青花瓷有明确的传承记录，而且这些元代青花瓷中有多件为世界孤品。”卡尔叔叔补充道。

“眼前这么多瓷器，奥斯曼帝国是多么喜欢瓷器啊！这里的瓷器都出自名窑，那一定很贵吧？”丫丫问道。

“没错，这里珍藏的上万件瓷器，在宋朝、元朝、明朝和清朝时期，在中国就已经属于上等之物，经过万里颠簸，多次转手来到这里，它们的贵重，可想而知。”卡尔叔叔回答道。

“难怪这里的人们自己学习制作陶瓷的技术，自己烧制陶瓷制品了！”丫丫点点头说道。

一行人走出展览大厅，走到皇宫的边缘，博斯普鲁斯海峡再次进入他们的视野。跨越千年，无论繁荣还是征战，蓝天下碧波依旧荡漾，仿佛掏尽了时代的铅华，又淘洗出了历史长河中的珍珠美玉，和一代又一代的人们记录着、守护着。

“卡尔叔叔，接下来我们去哪呢？”丫丫轻轻拽了拽卡尔叔叔的衣角，问道。

卡尔叔叔看着横跨欧亚的博斯普鲁斯大桥，说道：“接下来，我们要去桥的那边，然后去土耳其的中部，去探寻那里的古丝绸之路遗迹。”

课后思考

1 为什么说土耳其是东西方的十字路口？

2 你能说出伊斯坦布尔的著名景点吗？

第三课　文明的摇篮——土耳其（二）

古丝绸之路上的驿站

一行人一路向东，他们经过了繁华的商业区，热闹的集市，来到土耳其中部阿克萨赖省的阿克萨赖市，土耳其最大的驿站——苏丹哈纳驿站就坐落在距阿克萨赖市40公里的小镇上。卡尔叔叔讲道：“由于特殊的地理位置，土耳其所在的这片大陆一直是东西两地交流的桥梁，是丝绸之路上最重要的联结点，而其中部的阿克萨赖市有着重要的历史地位。它是宗教和军事的要地，也是丝绸之路的停靠站。接下来我们要去的古驿站建于1229年，至今保存完好。”

古丝绸之路上的商队

苏丹哈纳驿站

到达了目的地，一行人站在了苏丹哈纳驿站门前，整个建筑雕刻精美、气势恢宏，驿站坚固的外墙和宽大的大门看起来极像了一座堡垒。踏进大门，100 多米见方的石城进入大家视野，庭院四周有房间和畜栏，正中间，坐落着一座石制的清真寺。

“这些房间是不是古时候供商人和旅客休息的地方啊？”丫丫好奇地看着四周的房间，问道。

驿站大门

“对，你们看，这里的房间都比较大，其实，在古时候，旅客通常和用来载运货物的牲畜住在一个房间里。并且，当时大部分交通工具都是骆驼，所以土耳其一直称这些驿站为‘骆驼宫’。”卡尔叔叔指着这里的房间，说道，“在土耳其，沿着丝绸之路，每 20 公里左右就建有一座驿站。正是这些驿站，保证了丝绸之路上商人的供给、休息和安全，确保了丝绸之路上商贸的繁盛，进而促进了文化的交流。”

卡尔叔叔一边说，一边领着洋洋和丫丫们往里走，开始参观整个驿站。

“卡尔叔叔您刚才说每隔20公里左右就有一座驿站，那么土耳其的驿站岂不是特别多？”丫丫感叹道。

“对，在土耳其境内，曾经建有100多座驿站，现在仍保留着40多座古商旅驿站，我们现在参观的苏丹哈纳驿站是其中最大的一个。”卡尔叔叔说道。

“这么多的驿站，是拜占庭帝国建的，还是奥斯曼帝国建的呢？”洋洋问道。

双拱廊结构，用来装货、拴马和骆驼的地方

“都不是。”卡尔叔叔笑一笑，说，“是另一个版图横亘中西亚的军事帝国——塞尔柱帝国建的。”

“哇，这片土地上的历史还真是复杂！”丫丫感叹道。

卡尔叔叔点点头，说道：“1071年，拜占庭帝国和塞尔柱帝国之间发生了曼齐克特（现土耳其东部穆什省的马拉兹吉尔特）之战，拜占庭战败，皇帝被俘，失去了东部、中部大部分地区，我们现在所在的小镇，当时就在塞尔柱帝国的统治之下，眼前的大客栈，它始建于13世纪塞尔柱王朝时期，距今已有700余年。”

“塞尔柱帝国建设驿站是为什么呀？难道当时的统治者这么善解人意，专门建设驿站供商人休息落脚吗？”丫丫仰头问道。

“其实这些驿站最初并不是给商人旅客住宿用的，而是为军人设立的。阿克萨赖地区位于丝绸之路西段，是好几条贸易通道的交汇处，也是骆驼商队的必经之地。塞尔柱的统治者从中看到了商机，他们把为军人而设的驿站改建成了旅客商队的休息、补给之所，并且保证商务通道安全畅通。以此为由，他们向过往的商队征税，大获其利。”卡尔叔叔笑呵呵地解释道。

大厅里柱子上悬挂的油灯

“那这些驿站，和现在的酒店功能差不多吗？在这里人们能得到哪些照顾呢？”洋洋问道。

“过境商队不分民族和性别，均可获得最多三天的免费服务。驿站内有专职的医生、教士、管理员、兽医、信使和厨师。在这里，破损的鞋会修补好，过于残旧的会被更换成新的；生病的人和牲畜可得到药物和治疗；随队的牲畜会被喂饱，磨损的马蹄也会掌上新的。”卡尔叔叔说道。

“你们说，这里的驿站既然住着商人，那来自中国的商人会不会也在这里住过呢？”丫丫问道。

当年的石板路

卡尔叔叔笑着说道：“苏丹哈纳驿站作为土耳其最大的驿站，自然招待过来自中国的商人啊！”

一行人走出苏丹哈纳驿站已是黄昏，夕阳下，驿站巨大的石制墙壁更显端庄威严，晚风习习，似乎将千年之前，古商路上悠悠的驼铃声送到洋洋和丫丫耳边。一行人依依不舍地挥别这历经风雨沧桑、至今不朽的古驿站，继续着他们的土耳其之旅。

让热气球飞

离开驿站，一行人重回阿克萨赖市，旅途的劳累，让饥肠辘辘的洋洋和丫丫，察觉到了这座小城先前被忽略的细节。

“卡尔叔叔，你有没有闻到烤肉的香味啊。”洋洋问道，丫丫也连连点头。

卡尔叔叔这才意识到，这一路走来，光顾着给两个小孩子讲丝绸之路的历史，却连土耳其的一些特色美食都没有体验，着实有点不好意思。

“你们闻到的，是土耳其的招牌菜——土耳其烤肉的香味！我们今天就去尝尝吧！”卡尔叔叔说道。

小城街道上的集市熙熙攘攘，卖烤肉的大叔在烧烤架前忙忙碌碌。铁板上的烤肉发出滋滋响声，油光闪亮，香气扑鼻。洋洋和丫丫一边流着口水、一边看着卡尔叔叔点菜，大叔拿起篮筐中的烤面包，切开，加入烤肉和蔬菜，动作麻利，一气呵成。

“古老的文明自然会孕育出伟大的菜肴，土耳其菜蕴含了地中海特色，又融合了中亚穆斯林的风格，在世界上久负盛名。要说特点，土耳其菜就是各种烤加各种甜。”卡尔叔叔说着，指着不远处一家餐厅门口，说道：“看，旋转烤肉，这个小吃可是遍布世界各地，在中国也是一种常见的美食呢！”

土耳其烤肉

丫丫大口大口吃着，还来不及咽下去，就张口问道：“各种甜指的是什么呢？”

“土耳其人尤其喜欢吃软糖，他们会把糖浆配上各种水果味的调料，然后配入各种坚果，做成坚果软糖，吃起来香甜有嚼劲。”说着，卡尔叔叔带着两个小孩来到一家橱窗里摆着五颜六色的糖果的商店，买了几款糖果，说道：“不过一次只能吃一点，土耳其的甜点，一点就能甜掉了牙！”

土耳其的软糖

体验完了土耳其美食，卡尔叔叔拦下一辆出租车，回头看着一脸疲惫、赖着不走的洋洋和丫丫，露出了一个神秘的笑容，说道：“我们要抓紧赶路，我还准备了一个特别的体验哦！”

果然，孩子们的好奇心被勾了起来，一边跟着卡尔叔叔挤上了车，一边好奇地问特别体验是什么。

“土耳其的卡帕多西亚被称作热气球之乡，在那里，我们可以乘坐气球升空！”没想到来土耳其这么多天了，卡尔叔叔还留了这么一出压轴好戏。

“是和坐飞机差不多吗，我还没坐过热气球呢！”丫丫有点兴奋地说。

三人来到了土耳其中部卡帕多西亚的一个叫格雷梅的小镇。一下车，他们就被事先预约好的酒店人员接了回去。

一路上，他们为冲天而立的石林的气势所折服，在巨大的石壁上，一个个小黑洞更是引起了洋洋的好奇。到达目的地后，孩子们都惊呆了，那一个个小黑洞，竟然是居住的地方。

“哇，这是山顶洞人住的地方吗！”洋洋开起了玩笑。

“我怎么看着和我之前去陕西的时候见过的窑洞有点像呢？”丫丫摸着小脑袋疑惑地说道。

“哈哈，这叫洞穴酒店，是这里的一个奇特景观。别说，这些酒店是和窑洞有点像呢，它们都是对地形进行创造性利用的建筑典范。”卡尔叔叔说道，“据说，3000 多年前就有人在卡帕多西亚凿洞而居。

洞穴酒店外部

2000 多年前，在基督教初创时期，基督徒在中东地区备受打压和追杀。一批基督徒逃难来到这里，发现这些洞穴岩居有着得天独厚的优点：便于隐藏，利于防守，易于挖掘，冬暖夏凉，适于居住。而且，你们不要被眼睛欺骗了，除了可以看到的地上洞穴，在地底下，还有着几十个大小不等的地下城。”

两个孩子兴奋地在房间里走来走去，一边走一边摸一边小声地讨论着，早已将先前的疲惫抛在脑后，兴奋得不得了。最后，卡尔叔叔忍不住说道：“明天坐热气球要 4 点钟就起床哦，谁要是赖床，起不来，错过了可就太遗憾了。”

一听这话，洋洋和丫丫立马乖乖躺下睡觉了，很快就进入了梦乡。

第二天天还没亮，卡尔叔叔就把两个孩子从被窝里喊了起来。一路摸黑，来到了坐热气球的集合点。

等待、集合、分组，两个孩子很专注很配合地一步步做着升空的准备。整个热气球一次可以乘坐 20 名乘客，随着飞行员的一声“OK”，气球缓缓升起，洋洋和丫丫紧张地抓住了卡尔叔叔的手。

慢慢地，气球越飞越高，很平稳，孩子们渐渐放松了下来，开始体验这难得的飞翔之旅。只见热气球在飞行员的操控下，一会儿上升，一会儿下降，一会又水平 360 度旋转飞行。这时，天边渐渐出现一抹暖橘色，太阳出来了！

晨曦中，周围的一切被镀上了金色，所有的事物都变得美好起来：地表

沟壑纵横，峡谷蜿蜒曲折，犹如迷宫一般；神奇的“石锥”和“石柱”，有的像笋尖，有的像树桩，有的像蘑菇。大自然如一位技艺高超的雕刻家，历经千年，造就了眼下这独一无二的壮丽奇景。环顾四周，天空中同时漂浮着几十个热气球，五颜六色，高高低低，场面梦幻至极……

笋尖般的“石锥”

“太美了！太壮观了！”洋洋和丫丫连连赞叹。

在飞行了一段时间后，气球平稳地降落到地面。为了庆祝飞行成功，飞行员准备了一个小小的庆祝仪式，他打开了一瓶香槟，与乘客一齐举杯，在酒香与欢笑中，大家一起为这次非凡的飞行经历画上了圆满的句号。

回想着在空中看到的神奇地貌，洋洋忍不住问道：“卡尔叔叔，这里的地貌是怎么形成的呢？好奇怪啊！”

“这要感谢自然的伟大力量了，”卡尔叔叔边走边说，“几百万年前，火山喷发出来的大量岩浆冷却、钙化，凝固成岩层，慢慢地经过时间的风化与打磨，就成了今天的独特地貌。”

气球下神奇的地貌

知识链接

除了卡帕多西亚的神奇地貌，土耳其还有一个神奇的地貌，叫作棉花堡。但是这里的棉花并不是真正的棉花，而是经过漫长的地下循环，随着温泉喷涌而出的钙化物。雪白的钙化物慢慢沉淀、层层堆积，最终形成了如雪后梯田般的景色。关于棉花堡，还有一个美丽传说。相传，牧羊人安迪·密恩为了和希腊月神瑟莉妮约会，竟然忘记了挤羊奶，致使羊奶恣意横流，盖住了整座丘陵，于是，便有了今天神奇的棉花堡。

棉花堡

雾气缭绕的温泉

土耳其之旅在这如梦似幻的自然美景中也将接近尾声，气势恢宏的圣索菲亚大教堂，雄伟壮美的蓝色清真寺以及森严肃穆的托普卡帕宫，都让洋洋和丫丫领略了这个国家厚重的历史；古老坚固的苏丹哈纳驿站，神韵依旧的东方瓷器以及丰富多元的当地文化，也让他们体会到了土耳其在世界交往中的重要地位，这些收获都将伴着他们，开启新的丝路国家之旅。

课后思考

1 土耳其现存最大的古丝绸之路驿站是哪个？

2 格雷梅镇上的地貌是怎么形成的？

第四课　石油王国——沙特阿拉伯

浓浓夜色下，卡尔叔叔三人乘坐的飞机降落在沙特首都利雅得机场。出来的时候，洋洋和丫丫被豪气的机场大厅吓住了，很豪华不说，单是走出机场大厅就需要很长时间。

“好累啊，啥时候我们才能出去呢？”丫丫有些吃不消了。

“为什么沙特把机场大厅建设得这么富丽堂皇？”洋洋问道。

“一来是因为沙特有钱，二来是因为来的人多，所以沙特就特意修建了这么豪气的机场。”卡尔叔叔简短地给出了答案。

“有钱是因为他们有石油，这个我能理解，但是为什么每年都会有很多人来这里呢？”洋洋疑惑地问道，“沙特的旅游业很发达吗？”

“主要原因不是旅游业发达，是因为沙特的麦加，每年都会有很多穆斯林前来朝圣。”卡尔叔叔说道，“我们赶紧回酒店休息，明天还有出行安排呢。”

吃过早饭，洋洋就着急地说：“卡尔叔叔，昨天来的时候，我在车里看见了一个特别特别高的，造型有点像开瓶器的发光体，您能带我们去看看吗？”

“哈哈，你说的肯定是王国中心大厦，那可是利雅得的标志性建筑呢。我们今天要去老皇宫，正好可以先看看王国中心大厦。”卡尔叔叔顺带说了行程安排。

出门后，孩子们习惯性地找公交车，可是，放眼望去，愣是没发现一辆公交车，有点不知道怎么办才好。

“这回，我们也入乡随俗，打车吧。这里是没有公交车和地铁的。”卡尔叔叔边走边说。

“啊？那这里的人用什么交通工具呢？”丫丫很不理解。

卡尔叔叔还没来得及回答，就过来了一辆出租车。上了车之后，才说道：“因为这里的人有钱，而且在沙特，石油比水便宜。所以，人们都是自己开车的。”

“哦！不愧是石油王国！”洋洋赞叹道。

这时，车子突然来了个急刹车，孩子们赶紧抓住扶手。“车开得好快啊！”丫丫有点担心。

“孩子们坐稳了，沙特人一般干什么都比较慢，唯独开车比较快。”卡尔叔叔提醒道，“这里和北京一样，经常堵车，但一般不会太久。”

王国中心大厦

“我怎么觉得路上的车都是大型号的呢，很少见到我们国家常见的那种车型。”洋洋看着路上飞驰的车说道。

“可能和这里的环境有关系。沙漠地区，道路状况不是很好，沙特人普遍喜欢大车，特别是大排量的车。”卡尔叔叔解释道。

“哇，你们看，前面的那个晃眼的建筑就是王国中心大厦了吗？”丫丫突然兴奋地说。

“那就是王国中心大厦了。”卡尔叔叔肯定地说，还特意让司机把车开慢些，好让孩子们有时间多看看。

街头的绿树

“王国中心大厦是利雅得最高的摩天大楼，也是利雅得最大最重要的金融经济中心。共有100层，高311米，曾经是中东地区的最高建筑。”卡尔叔叔简短地介绍说。

“可是，这个造型好奇怪啊！”丫丫看着王国中心大厦感叹道。

“这是提壶式造型，圆拱形空洞能够有效抵抗频繁发生的沙尘，减少大风对塔的影响。”卡尔叔叔给出了专业的答案。

坐在车上看着眼前不时掠过的绿树和各种不知名的小花，洋洋疑惑地说：“不是说沙特境内有很多沙漠嘛，这也感觉不到啊！”

“那是因为我们现在正位于有沙漠绿洲之称的利雅得哦。”卡尔叔叔边指着路边的绿化带边说，“利雅得附近是一片绿洲，有椰枣林和清泉。而且为了高效利用水资源，政府投巨款修建了一座水坝，蓄积了大量雨水，保证了城中植物四季常绿。”

车子越开越远，周围也越来越荒凉。“我们怎么还没到老皇宫啊？”丫丫有点着急了。

“快了，我都能隐隐地看到了。”卡尔叔叔安抚道。

下车后，孩子们被眼前的景象震惊了。这也能叫皇宫？想到之前在泰国和缅甸去过的皇宫，更觉得眼前的皇宫破败极了。

“卡尔叔叔，你确定这是我们要来的皇宫，是不是走错了？”洋洋第一次对卡尔叔叔发出了质疑。

老皇宫外观

“没错，这就是沙特的老皇宫，跟我来吧。”卡尔叔叔拉着孩子们往前走。

在一座小土丘上，四周是高大的城墙，走进一看，仿佛进入了石器时代，满目都是土堆的断墙危楼，丝毫想象不到在几十年前这里是沙特王室生活的地方。“这也有点太荒凉了吧！”丫丫越看越觉得不像。

老皇宫一角

“这里确实是前沙特王国的皇宫，也是沙特家族的发祥地。在18—19世纪，这里曾云集了大批的学者，繁盛一时。只是后来毁于战火。”卡尔叔叔边看边说。

“虽然我现在开始发现它主要胜在气势上，但是还是很难和现代化的利雅得联系起来，这差距也太大了。”洋洋逛了一圈，对卡尔叔叔说。

老皇宫一角

“这得归功于石油，是石油改变了这一切。”卡尔叔叔感叹道，“沙特阿拉

伯是世界上已探明石油储量第二的国家，还是世界上出口石油最多的国家。依靠丰富的石油资源，它实现了从农牧业到现代化工商业的跨时代腾飞，取得了举世瞩目的建设成就。”

“怪不得，看着街上的大汽车，一个个开起来就跟油不要钱似的。”丫丫想起了大街上的各种豪车。

“为什么这里有这么多的石油呢？”洋洋总是喜欢一探到底。

“有一种说法是古时候这里的各种有机物，如动物、植物，死后埋藏在缺氧的海湾、潟湖、三角洲、湖泊、沙漠等地，经过许多物理化学作用，最后逐渐变成石油。”卡尔叔叔解释道。

沙漠落日

接着，似乎是觉得孩子们对这里有点小失望，卡尔叔叔提议道:“既然已经出了市区了，要不，我们干脆去见识见识沙漠落日再回去吧！”

在卡尔叔叔的带领下，三人又乘车继续向西行进，那里有红沙漠，孩子们都想感受一下“大漠孤烟直，长河落日圆”的豪壮。

红沙漠

知识链接

“沙特”取自于阿拉伯王国的创始人伊本·沙特之名，在阿拉伯语中，为“幸福”之意；“阿拉伯”一词，为“沙漠”之意。“沙特阿拉伯”即为“幸福的沙漠”之意。这里大部分地区处于沙漠地带，没有常年有水的河流与湖泊，有“沙漠王国”的称号。

烈日炎炎下的沙漠

沙特阿拉伯人

信仰的力量

看完沙漠落日回到利雅得，丫丫问道：“卡尔叔叔，一路走来，街上怎么没有女性呢，而且感觉也没有什么娱乐设施啊？”

“你忘了吗？沙特也是信仰伊斯兰教的国家啊，而且是严格执行伊斯兰教规的。”卡尔叔叔严肃地说，“在这里，对女性的要求除了穿黑袍以外，还不允许她们单独外出，而且，全国禁酒，很多娱乐活动也是没有的。”

“怪不得街上没有电影院、舞厅、歌厅之类的。”洋洋有点明白了。

“我们之前也去过很多信仰伊斯兰教的国家，都没像沙特这样啊？”丫丫还是有点疑惑。

“这里是伊斯兰教的发源地哦，伊斯兰教的创始人穆罕默德就诞生在沙特的麦加，然后从这里开始传教。所以，这里是全世界穆斯林向往的地方。很多穆斯林都以来麦加朝觐为毕生追求呢。”卡尔叔叔回答道。

麦加大清真寺

“那我们可以去麦加吗？”丫丫和洋洋异口同声地问道。

“那是一个非常神圣的宗教之都，很多圣地都是只对穆斯林开放的，我们是去不了的。”卡尔叔叔意外地没有支持孩子们的想法。

“但是，我们可以去吉达，那里离麦加只有70公里。”看着孩子们失落的表情，卡尔叔叔提议道。

第二天一早，三人就出发了。

到达吉达的时候已是中午，他们打算先找一家餐馆吃饭。而就在这时，突然传来一阵诵经声，只见路上的行人都应声而跪。

洋洋和丫丫对眼前的一切非常诧异。“他们都在做什么呢？这诵经声是从哪传出来的？”丫丫好奇地问道。

而卡尔叔叔则朝她嘘了一声，丫丫不再说话，三人静静地等待着。

大约过了30分钟后，诵经声终于结束了，周围的人都站了起来，继续各自的事情。这时，卡尔叔叔才给孩子们解释。

“他们是在祷告，在沙特阿拉伯，信徒一天要进行5次祷告。现在正是晌午时分，应该是第二次祷告，叫晌礼。”卡尔叔叔解释着，手指向街边的喇叭说，“刚才诵经声就是从这些喇叭里传出来的。”

吉达街景

在吉达的大街上走着，一会儿见到亚洲人，一会儿见到欧洲人，一会儿居然还见到了非洲人。“好奇怪啊，感觉像是到了联合国，世界各地的人都能看到！”丫丫有点小兴奋。

“那是，吉达是沙特的第二大城市，是重要的金融中心。你不要小看它哦。”卡尔叔叔又一次强调吉达的重要性，“而且这里是沙特政府的外交部驻地，各国的使馆也都在这里。所以，外国人在这里很常见。”

城里到处可见清真寺

“除了外国人，这里的清真寺也非常多啊！”洋洋感叹道。

“是的。”卡尔叔叔说，“吉达是通往麦加的一个重要的中转站，每年都有大批人来到此地，然后去麦加。早在17世纪的时候，作为麦加朝圣者的集散港，吉达渐渐兴盛起来。为了方便人们祷告，这里建了很多清真寺。”

丫丫伸了一个懒腰，深深地吸了一口气，说道：“感觉这里比利雅得要湿润一些啊，没那么干燥了。”

“那是，吉达可是个港口城市呢。”卡尔叔叔说道。

“既然这是个港口，那我们能见到海吗？”丫丫想念大海了。

“可以啊，吉达号称‘红海新娘’呢。”卡尔叔叔边走边说。

港口城市吉达

“新娘啊，肯定很美吧，我们赶紧去海边吧，我好想吹吹海风啊！”丫丫都迫不及待了。

卡尔叔叔三人来到了海边。在沙特见惯了黄沙漫漫，此刻见到了蔚蓝的海水，丫丫和洋洋都很兴奋。

红海边有一座伸进海中的栈桥，栈桥上有人在钓鱼、观鱼、赏景、吹海风。环顾四周，只见沿海建有不少高楼大厦，还有米黄色的清真寺，远处有一排排高架吊车，那里是繁忙的港口。近处白浪滚滚，奋力扑向岸边，激起重重浪花，带来阵阵清凉。

蓝天、海风、海浪，一切都是这么美好，此刻，阵阵诵经声从远处飘来，时间仿佛静止了。丫丫和洋洋静静地站在栈桥上，享受着红海给人们的馈赠。

知识链接

在沙特阿拉伯，穆斯林一天要进行5次祷告。第一次大约在凌晨4点半到5点，是晨礼；第二次在12点半左右，是晌礼；第三次在下午4点前后，是脯（pú）礼；第四次在下午6点半前后，是昏礼，此时刚好天黑；第五次在晚上8点左右，是宵礼。

课后思考

1 穆斯林一生向往的圣地是哪儿？为什么？

2 在沙特阿拉伯，穆斯林一天要进行几次祷告，中午那次祷告叫什么礼？

第五课 沙漠中的珍珠——阿拉伯联合酋长国

烈日炎炎，湛蓝的天空没有一丝云彩。飞机即将降落，两个孩子扭着头向外望去，在金黄色的沙漠之中，一座座现代感十足的摩天大楼，在沙漠中傲然挺立。在高耸的大厦的映衬下，低矮处的房子更显低矮，密集地排列着。道路交织，仿佛图腾般印嵌在沙漠之中，绿洲点点，为这片干燥的大地，增添了些许生机。这个国家，如同茫茫沙海中的方舟，承载着一方人民，停泊在波斯湾湛蓝色的臂膀中。

石油摇篮中的国家

从高空俯瞰，湛蓝色的海水与金黄色的沙漠对比十分鲜明。一座座拔地而起、刺向天空的高塔，让这里看起来像科幻片中人类在外星建立的生存基地。

石油摇篮中的国家

“这就是阿拉伯联合酋长国。”卡尔叔叔和两个孩子一起看向下方，说道，“组成它的共有七个酋长国，分别是首都阿布扎比、现代化都市迪拜、文化圣地沙迦，和阿治曼、乌姆盖万、拉斯海马、富吉拉。”

“好大的船啊！”洋洋指着下方的大海。只见一艘货轮，正缓缓驶出港口。

“洋洋你猜，那艘船上运的是什么？”卡尔叔叔想考考洋洋。

“这难不倒我！百分之八十的可能是石油，或者是和石油相关的产品！”洋洋自信地说。

卡尔叔叔点点头：“阿拉伯联合酋长国是一个在石油摇篮中成长的国家。

我们眼下这片海域，是素有‘石油宝库’‘世界油阀’之称的波斯湾，这里的石油储量约占世界石油储量的一半以上。”

孩子们不禁感叹：“能在如此荒芜的地方，开辟出一片属于人类的栖息地，得需要很多资金吧！”

“确实需要很多资金，自从 1966 年阿拉伯联合酋长国发现石油以来，这片荒芜的沙漠一下子变成了富庶的油田。丰富的石油资源和便利的航运条件，使这里的经济飞速发展，整个城市的面貌也发生了巨大的变化。阿拉伯联合酋长国的首都阿布扎比，是这几个酋长国中石油资源最丰富的。”卡尔叔叔说道。

阿布扎比

“那在这之前人们靠什么来生活呢？”丫丫好奇地问。

卡尔叔叔望着湛蓝色的波斯湾，思考了片刻，解释道：“在发现石油以前，波斯湾曾以珍珠著称于世。这个国家与海为邻，以海为生，所以在历史上，这里的人多从事珍珠采集。除此之外还有贸易和运输，波斯湾历来是一条巨大的商路，海湾内文明古国环绕，有丰富的商品和富裕的居民，走出海湾后，又有很好的洋流辅助船舶航行，所以运输业是这里居民的一种重要谋生手段。当然，繁忙的海上贸易，有一种古老的犯罪行业总会因此而生。”

“我知道！海盗！”洋洋接上了卡尔叔叔的话。

“说得没错，在 18 世纪，这里长期处于战乱之中，出现了多个独立的小国家。当时，不论是阿拉伯人的商船，还是欧洲的商船，均屡遭这些小国的劫掠，因此这里曾经被称作‘海盗海岸’。直到 19 世纪初，各小国被迫与英国签订《波斯湾总和平条约》，同意停止海盗行为，这里的劫掠行为才渐渐减少。”

知识链接

亚洲之珠：1628年，一颗巨大的珍珠在波斯湾采得，它是当时世界上最大的珍珠。它被波斯国王买下并命名为“亚洲之珠”，后来，波斯的另一个国王将其送给了中国清朝的乾隆皇帝，1900年八国联军攻入北京时夺走此珠。几经辗转，这颗珍珠现在被英国的收藏家收藏。至今它都是世界上第二大天然珍珠。第一大是1934年在菲律宾发现的“真主之珠”。

亚洲之珠

“如果有一天石油资源枯竭了呢，他们怎么办呢？”丫丫有些担心地问。

“丫丫担心的，他们肯定也会担心啊，接下来我们探访的地方，可不仅是建在石油上的哟！”卡尔叔叔一脸神秘地说道。

只做世界之最

一行人在迪拜下了飞机，观光巴士在宽阔平坦的马路上一路驰骋，丫丫的目光被远方的一面巨帆吸引。它是如此巨大，又是如此梦幻，每每从摩天大楼之间看到它的身影，都让丫丫觉得无比震撼。

迪拜帆船酒店

“那就是世界上第一个七星级酒店——阿拉伯塔酒店。”卡尔叔叔顺着丫丫的目光望过去，说道，“这是迪拜的地标性建筑，建造它的灵感，来自于一张鼓满了风的帆，所以又叫作迪拜帆船酒店。这个建筑一经建成，就获奖无数，本身已成为一件艺术品。不过在这里住一晚可是要花好多钱的！”

巴士在一处摩天大厦前停下，两个孩子想抬头望望眼前的高大建筑，没想到，还没望到顶儿，就被耀眼的阳光照得睁不开眼。

“这么高的楼啊！”丫丫说，“这不会是世界上最高的大楼吧！”

“真被你说中了，眼前这座摩天大楼，就是世界第一高楼——哈里发塔。”

“迪拜真的有好多世界第一啊！”洋洋感叹着。

哈里发塔

卡尔叔叔点点头说道：“这也是迪拜让世界认识它的一种方法呀！以前，迪拜和其他波斯湾沿岸的村镇一样，靠着渔业和采集珍珠为生，直到1955年，迪拜还是一个小村镇，大部分居民住在茅屋里，交通工具也主要是家畜。”

“石油的发现让迪拜成为现在的样子吗？”丫丫问道。

“迪拜的第一桶金确实是来自石油。不过，在这之后的发展，才是值得我们思考的。”卡尔叔叔望着眼前旖旎多姿的建筑，说道，“迪拜并没有将石油带来的财富大肆挥霍，也没有只依赖石油这一种方式给他们带来财富。这里的建设者一开始便想将这里建成一座不仅可以供人居住，而且还有很多好看的、好玩的、可以享受生活的梦幻之都。这里有巨型影院、各种竞技运动场馆、主题餐厅、各种高科技电子游乐场，还有各种拔地而起的世界之最。迪拜这个曾经名不见经传的小村镇，一下子变成了全世界游客心中的圣地。现在，旅游经济已成为迪拜的主要经济收入来源之一。”

丫丫小大人似的，深得其中道理似的点点头说：“与石油相比，旅游资源可以延续很久很久啊！”

“人们来这里旅游，自然也会买很多东西吧？”洋洋看着路上大包小包的行人，问道，“这里是不是也有全世界最大的购物中心？”

“没错，不远处的迪拜购物中心，有50个足球场那么大呢！”卡尔叔叔哈哈笑道。

知识链接

除了以上提到的那些，让我们再看看迪拜还有哪些世界之最吧！

世界最大的人工岛——棕榈岛，耗资140亿美元的棕榈岛被誉为世界第八大奇迹，主要用于居住和旅游。

世界最大的室内滑雪场——迪拜室内滑雪场，世界上最大的室内滑雪场居然在一个酷热的沙漠之国，在这里人们不仅可以体验滑雪的快乐，还可以和极地企鹅来一次亲密接触。

棕榈岛

迪拜室内滑雪场

海上丝绸之路与阿拉伯半岛的交会

大巴车在绕海公路上行驶，夕阳西下，波斯湾在余晖中泛着淡淡的金波，汽笛声鸣响，仿佛是驶出港口的货轮的一声告别。

“孩子们你们看，那是阿拉伯联合酋长国最大的港口——迪拜港。”卡尔叔叔指着远方说道。巨大的集装箱，高大的塔吊，停泊着的巨大轮船，它们的影子在夕阳下被无限拉长。

“迪拜有很多船吗，为什么要建这么大的港口。”丫丫问道。

“这可不只是给迪拜自己的船用的。”卡尔叔叔拿出地图，指着说道，“迪拜地处亚欧非三大洲的交汇点，是波斯湾的咽喉要道，利用这得天独厚的条件，迪拜建立了这个巨大的中转站。船只不仅由此通往波斯湾沿岸地区，也可以在此停泊、修整，然后再度远航，前往南非、印度。同时，这里还有很多很大的仓库，商人们可以把货物放在这里，然后再运往周边的城市、国家。”卡尔叔叔收起地图，继续说道，“迪拜也因此成了中东地区欧亚经济活动的中心，毗邻港口建立起了杰贝阿里自由贸易区。加上未来有望成为世界上最大机场的迪拜世界中心国际机场，迪拜希望在未来能成为像我国香港那样的全球型航运枢纽。”

“哇，那我们国家的船也可以在这里停泊吗？”丫丫问道。

“那是当然，我们国家西行的船舶很多都在迪拜停靠。”卡尔叔叔望着渐行渐远的巨轮，说道，“其实，在古时候，阿拉伯半岛就是‘海上丝绸之路’的必经之地，而迪拜正好位于阿拉伯半岛和海上丝绸之路的交会处，我们的丝、茶和陶瓷，可以经此传入阿拉伯。阿曼的乳香、伊朗的香料等当地特产也可以经此送到中国。”

卡尔叔叔一边说着，一边带着两个孩子上了一条小船，船夫撑船离岸，摇摇晃晃中，一行人驶入迪拜的母亲河——迪拜河。

河面波光粼粼，恬静温柔。两个孩子欣赏着两岸迥异的风光：古老的迪拜河将迪拜一分为二，一边是古老的老城区，一边是摩登的新城区。

“没想到干旱的沙漠地带，有这么一条玉带一般的河流。”丫丫说道。

“其实迪拜河是一条深入内地的海湾，是最初迪拜人繁衍生息的地方。1833 年，迪拜的统治家族马克图姆家族来到这里后，就把家建在了迪拜河入海口的位置。那时的他们以采集珍珠为生。”卡尔叔叔说道。

迪拜河

随着船舶一路向市内行驶，丫丫好似发现了重大秘密，说：“你们看，从入海口低矮的沙土色传统小楼，再到现在我们眼前高大的楼房，再到远处的摩天大楼，迪拜的楼真是越修越高。”

“没错，从开始的小渔村，到发现石油之后建设的新城镇，再到现在的摩登都市，这些都是迪拜发展的象征。”卡尔叔叔看着河水流淌着，荡漾着，仿佛那就是迪拜生命的脉搏。

“这条河现在这么漂亮，也是用出口石油的钱修的吗？”洋洋问道。

“其实在发现石油之前，迪拜当时的酋长就利用迪拜地处交会之处的天然优势，引进资金，拓宽河道，方便各种船舶停靠。良好的航运条件吸引了伊朗，伊拉克，科威特等周边国家的商人聚集于此，采购远渡而来的异国珍馐。发现石油之后，来迪拜淘金的人逐渐增加，其中不乏很多华人。在二十世纪八九十年代，怀揣着成就一番事业的梦想的华人，基本上都是在迪拜河畔开始他们的迪拜生活。迪拜河，是商贸走进迪拜的入口，也是世界走进迪拜的入口。”卡尔叔叔说道。

“海外淘金的华人？迪拜有很多华人吗？”丫丫感到好奇。

“没错，那时候来迪拜的华人，大部分是国内外贸公司派遣来的，把迪拜作为开拓海外市场的中转站。慢慢地，中国的公司投入到了迪拜的各行各业，金融、航空、建筑行业都可以见到中国公司的身影。随着以后‘一带一路’的发展，我们和阿拉伯联合酋长国的经贸往来更加密切，在迪拜会有更多中国公司的身影。”卡尔叔叔眼神烁烁，一幅壮美的蓝图仿佛在他的眼前铺展开来。

“说不定，下一个迪拜的世界之最，就是中国人建的呢！”洋洋望向大海的方向，此时那一艘艘巨大的轮船似乎已不单单承载着货物，它们还承载着无数以海为生、与海为伴的人民的梦想，驶向远方，驶向未来。

知识链接

阿拉伯联合酋长国中还有一个酋长国不得不提，那就是沙迦。在沙迦古兰经纪念碑广场的街心花园中，矗立着一个巨大的翻开着的书的雕塑，那便是古兰经纪念碑。这里长期以来重视伊斯兰文化和文物的保护以及教育事业的发展。1998年，联合国教科文组织特授予沙迦“阿拉伯世界文化之都”的称号，以表彰其在文教领域的突出成就。

古兰经纪念碑

课后思考

1 除了石油，还有什么让迪拜闻名世界？

2 说一说阿拉伯联合酋长国在海运上的重要性。

第六课　古文明环绕——约旦河流域的国家（一）

约旦河源于叙利亚境内，向南流经以色列，在约旦境内注入死海，是世界上海拔最低的河流。它既没有碧波浩渺，也没有波涛激荡，它潺潺地流淌着，滋润着干旱的西亚一隅。然而，就是这一脉清流，滋养出了一个人类文明的大花园，一朵朵文明之花，在这个花园中从含苞到绽放，或许有些花朵凋零了，但它的余香，至今仍留在人类的记忆中……

丝路南线的文明古国——叙利亚

离开阿拉伯联合酋长国，飞机上洋洋和丫丫自学着和丝绸之路有关的英语单词，洋洋拼读道："damask，d-a-m-a-s-k，绸缎。"

卡尔叔叔听到这里，放下手中的书，说道："孩子们，你们知道damask这个词是怎么来的吗？"

洋洋和丫丫摇摇头。

"'damask'来源于一个叫作'Damascus'的城市，翻译成汉语，叫作大马士革。"卡尔叔叔说着拿出一张丝路地图，交织错落的古代陆上丝绸之路展现在洋洋和丫丫面前，他们耳边仿佛响起了悠悠驼铃声，眼前浮现出一队队骆驼商队，他们走出中原，走出西域，一路西行，最终各路商队在地中海东岸的叙利亚相聚。

历史上，叙利亚在两河文明的滋润下，曾是人类文明的摇篮之一。公元前2000年到公元前1000年间，在地中海东岸中部一带，有一群擅长航海和贸易的腓尼基人，他们在地中海中航行，运输沿岸各地货物。除了海运，他们还控制了叙利亚北部的路线，使得这里成了地中海沿岸商贾聚集之地。灿烂的文明、通达的交通，使叙利亚成为古代丝绸之路上的重要枢纽；往来不绝的商贸活动，东西方文明的交汇碰撞，给这里留下了丰富的丝路遗产。

知识链接

古代腓尼基地区相当于现在的黎巴嫩地域，这里向西面朝大海，向东背靠盛产轻质木头的黎巴嫩山区。腓尼基人用这样的木头制造出了很好的船舶，一度横霸地中海交通，再后来，他们甚至历时三年，绕着非洲环游了一圈。

腓尼基人还创造了有22个辅音字母的腓尼基文字，这就是今天拉丁字母的源头。

古老的丝绸之路上，北来的商队，从君士坦丁堡（今土耳其伊斯坦布尔）进入叙利亚，第一站便是叙利亚最古老的城市之一阿勒颇市。早在丝绸之路开通前，这里就已成为重要的商业中心，形成了热热闹闹的集市。勤劳能干的作坊主生产的布料、制作的服装，受到各方商人的欢迎。丝绸之路的开辟，络绎不绝的骆驼队将神秘的东方丝绸、瓷器、茶叶等运至此地，无疑给这里兴盛的集市注入了新的活力。琳琅满目的中国珍宝，和来自世界各地的商品，旅店中、大街上操着不同语言的人们，一同造就了阿勒颇辉煌的集市文化。

知识链接

麦地那集市：世界上最大的有顶集市，拥有诸多狭长的小巷和难以计数的商家。肥皂、丝绸、香料、陶瓷和纺织品等货物应有尽有，琳琅满目。吃完饭，来这里逛一逛，是很多叙利亚人生活的一部分。

麦地那集市

但是2012年9月底的一场大火，烧毁了这里的数百家商铺。据称，大火是由炮击和交火引发的。市场内诸多商店售卖的纺织品和皮革制品，以及商铺的木门导致火势迅速蔓延。麦地那集市虽然曾遭受重创，但是现已重新开放。

北来的商队一路南下，东来的商队一路西行，在一座千年古城相遇了。这里就是叙利亚的首都大马士革。

大自然似乎特别偏爱这里。地中海东岸本是一片荒漠，然而这里却有一条

名叫拜达拉的河流，它发源于黎巴嫩山脉，在叙利亚滋润出了大片肥沃的绿洲之后，便消失在茫茫的沙海中。据证实，早在公元前1万年到公元前8000年，便有人类在这片宝地上繁衍生息，他们将大马士革城建在这片绿洲上，开垦出了万亩良田，修建了天堂般繁荣的城邦。

商旅们多选择这片富庶之地作为他们的终点，或是踏上新征程的起点。在强大的罗马帝国统治时期，这里成了罗马帝国最重要的城市之一，尤其是在商业交通方面。在这里，你可以看到不远万里来到大马士革的中国商队带来的奢侈品——丝绸。从英语词汇“damask”就可以想到，欧洲人大概是在大马士革第一次见到了这种质感光滑、颜色绚丽的东方珍宝。在大马士革博物馆里，陈列着织有钱纹、山岳纹、骑马纹的中国汉唐时期的织锦。这些都是这座千年文明古城留下的关于丝绸之路的印记。

大马士革以南不远处，有一座布斯拉古城，它是通往麦加的重要的中转站，城内的布斯拉古罗马剧场是全世界保存最为完好的古罗马剧场之一

在罗马统治时期，除了大马士革，在离它不远的地方，还有一座叫巴尔米拉的城市。这座城市富庶、优雅，位于沙漠商道上，连接着波斯、印度、中国和罗马。作为旅行者穿越叙利亚沙漠的必经之地，这座城市在古时候有着不可替代的地位。这座古城遗址于1957年人们铺设石油管道时被发现，古城格局保存较为完好，在巨大的残柱中，我们还能看到当年这座沙漠城市的辉煌壮丽。

巴尔米拉古城遗址

再后来，在661年，一个叫作倭马亚的阿拉伯家族统治了叙利亚，并将大马士革作为首都。倭马亚王朝开启了一个大规模扩张的时代，其东线的军队一路征战，直至我国大唐边境。在我国的史书中，因为倭马亚崇尚白色，所以将他们称作白衣大食。

倭马亚王朝清真寺

卡尔叔叔讲完后，洋洋和丫丫都满怀期待地想去领略一下叙利亚的丝路古迹，然而卡尔叔叔却摇着头说："我们讲到了它在地理、交通上的重要性，这个古国的发展确实得益于此，然而，这些有利条件也使叙利亚自古就成为兵家必争之地，战火不断。2011年，叙利亚爆发了内战，很多千年古迹，都在战争中被摧毁。

三教圣城——耶路撒冷

带着满怀的遗憾，一行人来到了三教圣城——耶路撒冷。

这是一座平静而美丽的城市，不大，坐落于山之丘。在这里，街巷交错，房子高高低低，错落有致，很少能看到高楼大厦，也很少能看到玻璃、钢筋水泥铸成的现代建筑。这里的房屋外墙基本上都是由当地特产的米黄色砖石砌成，显得格外肃静、整洁。

日落时分，耶路撒冷的石墙、街巷、楼房，全部被夕阳染成了一层暖暖的浅金色，仿佛是茫茫天地间的一片金池。

“卡尔叔叔，这里为什么被称作三教圣城啊？”丫丫问道。

耶路撒冷

“因为犹太教、伊斯兰教、基督教都将这里视为信仰源流和精神指针。在这座城里，你会看到犹太教堂、基督教堂和清真寺相距不远，老城西北部，有着著名的耶稣殉难教堂；而南部，屹立着犹太教著名的哭墙；与哭墙相邻的，便是伊斯兰教的圣石拱顶清真寺。”

哭墙与犹太教教徒

洋洋和丫丫跟着卡尔叔叔，小心地在这些宗教圣地游览。经过他们身边的，既有头戴黑色礼帽的犹太教徒，也有蒙着黑色头巾的穆斯林妇女，这些都诉说着这座城市在历史与文化上无可比拟的重要性。

知识链接

哭墙：位于耶路撒冷旧城的哭墙是古代犹太国第二圣殿的一段护墙，犹太教把该墙看作是第一圣地。千百年来，流落在世界各个角落的犹太人回到圣城耶路撒冷，便会来到这面石墙前低声祷告，哭诉流亡之苦，所以被称为“哭墙”。

祷告的地方分隔成男女两部分，男左女右。男士进入哭墙，必须戴帽，因为犹太人相信哭墙的上方就是上帝，而让头顶直接对着上帝是不敬的。

哭墙下，有许多徘徊不去的男女老少，他们或是虔心诵读经文，或是轻抚墙面祈祷，还有一些人，会将自己的愿望和祈祷写在纸上，塞进哭墙的石缝中，好让上帝知道。

“卡尔叔叔，我们在这里逛了这么久，我还不知道，耶路撒冷这座城市是属于哪个国家呢。”丫丫说道。

“丫丫的问题我也回答不了，”卡尔叔叔耸耸肩说，“耶路撒冷的归属，是有争议的。巴勒斯坦说这里是他们的首都，以色列也说这里是他们的首都。在国际上，这也是一个悬而未决的问题。”

课后思考

1 叙利亚在古代丝绸之路上曾是很重要的国家，说说为什么？

2 耶路撒冷为什么会被称为三教圣城？

第七课　古文明环绕——约旦河流域的国家（二）

“一带一路”上的巴勒斯坦

汽车行驶在城市高地，卡尔叔叔眺望远方，虽然常常可以看见警备用的铁丝网、隔离墙，但远处那条千百年来滋润着这片文明之地的约旦河，依然波澜不惊地流淌着。

“孩子们，我们现在在巴勒斯坦国。”卡尔叔叔说道。

“这个国家的女人都带着头巾呢！他们一定是信奉伊斯兰教的。”丫丫这一路经常看到人们身穿自己信奉的宗教的特色服饰，于是这样猜测。

“没错，巴勒斯坦国的居民主要是阿拉伯人。公元7世纪，阿拉伯人战胜罗马帝国，接管巴勒斯坦地区。后来，阿拉伯人不断移民至此，并和当地土著居民融合，逐步形成了现代巴勒斯坦阿拉伯人。他们信奉伊斯兰教，由于教律规定，喝酒是一种犯罪行为，信徒不许喝酒，但可饮茶。与中国一样，‘客来敬茶’是巴勒斯坦人民接待客人的一种礼节。他们喜欢吃辛辣的东西，用胡椒、姜黄做的咖喱是这里的特色美食。”

“看起来这里的治安并不是很好。”洋洋看着车窗外时不时掠过的手持武器的人，皱着眉头说道。

“是啊！”卡尔叔叔叹了口气，说道，“这片地区的历史、宗教和领土等问题复杂。巴勒斯坦和以色列在这些问题上争议不断，流血冲突时有发生。”

“希望这里的人们可以过上安定的生活。”丫丫祈福道。

“没错，这里气候宜人、瓜果香甜、历史古迹丰富。如果在未来有和平稳定的环境，想必会是一个不错的旅游目的地！”卡尔叔叔说道，“我国和巴勒斯坦国的友谊源远流长，1988年巴勒斯坦国宣告成立后，中国是最早承认巴勒斯坦国的国家之一。现在，巴勒斯坦国还是一片尚待开发之地，相信在‘一带一路’倡议的影响下，巴勒斯坦国会迎来新的发展机遇。”

 “一带一路”上的以色列

在以色列城市特拉维夫—雅法市的大街上，两个孩子饶有兴致地欣赏着这座充满地中海风情的城市，远处是雅法古城的白色建筑，在蓝天的映衬下秀丽如画。4000 年前，优越的地理位置就让这里发展成为一座繁荣的港口城市，现在这里繁华依旧，丰富多彩的夜生活，使得这里有“不眠城”之称。

“孩子们，你们知道以色列这个国家以哪个民族为主吗？”卡尔叔叔问道。

“犹太族！”洋洋抢答道，“他们信仰犹太教。历史上很多名人都是犹太人，比如爱因斯坦、计算机之父约翰·冯·诺依曼。”

特拉维夫

“是的，犹太人人口虽不到全球人口的 0.25%，但却获得了全球 22% 的诺贝尔奖。不过，他们可不是都住在以色列哦！”卡尔叔叔一边照顾着洋洋和丫丫，一边说，“历史上，犹太人曾遭受迫害和歧视之苦，在二战期间，近 600 万犹太人惨遭杀害。活下来的人或是被驱逐，或是不堪迫害逃离他们生活的家园，流落四方。他们依靠自己的智慧，生存着、发展着，足迹遍布世界。爱因斯坦、约翰·冯·诺依曼都是美国国籍，在二战时期，也有一部分犹太人拿到了中国的签证，来中国逃避战乱和迫害。”

一行人走到了公交站台，一辆漂亮的橘色大巴缓缓进站，两个孩子蹦蹦跳跳地上了车。

“孩子们，你们知道现在我们坐的大巴车，是哪里生产的吗？”卡尔叔叔问道。

两个孩子摇摇头。

“是我们国家生产的！现在，有五六家中国公司向以色列的公共交通提供大巴。”卡尔叔叔说道。

“没想到中以两国之间还有这样的合作！”丫丫惊叹。

卡尔叔叔点点头：“嗯，我国参与了以色列很多交通基础设施的建设，不仅是公交车，特拉维夫市第一条轻轨线路也是我国铺设的，轻轨的车厢也将由

我国提供，这可是以色列第一次引进中国车厢。在海运方面，以色列将其北部的海法港25年的运营权交给了中国的公司。随着‘一带一路’的进行，以色列会更大地发挥它在中东的作用，成为我们‘一带一路’上重要的国家！”

知识链接

在以色列和约旦的交界处，有一片神奇的湖泊，那就是死海。死海的湖岸是地球上已露出的陆地的最低点，故死海有“世界的肚脐”之称。湖如其名，死海湖中及湖岸均富含盐分，在这样的水中，鱼儿和其他水生生物都难以生存，水中只有细菌和绿藻；岸边及周围地区也没有花草生长。由于含盐量高，死海的浮力很大，人可以漂浮在上面，享受无限乐趣！

死海中读书的少女

黑色鸢尾花盛开的地方——约旦

约旦河向北流淌，渐渐地，它变成了一条国界河，最后缓缓注入寂寞的死海。河之东，黑色鸢尾花盛开在山间谷地，“月亮谷”宁静沉寂，佩特拉古城庄严沧桑，这就是探险者的心之所向——约旦哈希姆王国。

“黑色的花朵？”丫丫一脸迷惑，“我真没见过黑色的花。”

卡尔叔叔找到一张照片，递给两个孩子，只见照片中一朵黑色鸢尾花，如同蒙上面纱的中东少女，神秘高贵。

黑色鸢尾花

“这种黑色鸢尾花是约旦的国花，是一种相当奇特和稀有的花卉。每逢三、四月，它便会在约旦的河谷间绽放。它的球茎无须水分的供养也能存活，到了干旱的夏季，这种花就蛰伏于土壤之中，等待下一个春天。”卡尔叔叔说道。

一行人来到了约旦的首都安曼，这是一座景色秀丽、历史悠久的山城。在城市中观光漫步，便可以感受到约旦这片土地经历的沧桑巨变。

“我们在这里看到了古罗马风格的斗兽场、阿拉伯风格的山城堡，还有古

安曼

代希腊统治时期的建筑遗址，这么丰富的文化聚集在这里，安曼真是一个神奇的地方！”洋洋说道。

“我们还在城堡中的历史博物馆里看到了旧石器时代的石刀、石斧呢！”丫丫补充道。

卡尔叔叔带着两个孩子坐上当地巴士，说道：“安曼是一座著名的西亚古城，早在3000多年以前，这里便是一个小王国的首都，当时叫作拉巴斯·安曼。历史上，安曼曾经多次遭到外来的侵略。马其顿王国的亚历山大大帝曾征服此地，罗马帝国曾统治这里数世纪之久。罗马帝国衰落后，此地又来了阿拉伯帝国的统治者。不过，由于安曼处在东西方交通要道上，所以即便是屡遭战乱，这里依旧是繁华的商业中心。”

卡尔叔叔一行人乘车在沙漠与绿洲交替中穿行，他们来到一个小镇，丫丫很快被这个城市色彩斑斓的墙壁所吸引。

“这里的人们把墙壁画得好漂亮啊！”丫丫笑着说。

“你再仔细看看啊，那可不是画上去的，那是用小石片拼上去的！”卡尔叔叔继续解释道，“这个小镇名叫马代巴，因其马赛克制品闻名，所以又叫马赛克城，城市虽小，但很有特色，街上有不少马赛克工艺品店。”

“好神奇啊！”两个孩子不约而同地感叹。

傍晚时分，暖橘色的夕阳中，两个孩子远远看到前方有一片微微透着玫瑰色的建筑群，那就是玫瑰古城——佩特拉古城，被称为世界新七大奇迹之一。

洋洋感叹道：“卡尔叔叔，这座古城里的建筑，和周围的石山仿佛是一体的啊！”

“因为这座城市本来就是在岩石中雕

马代巴工艺品

凿出来的。”卡尔叔叔看着高大的石柱，似乎看到了它曾经支撑起的那个繁盛的时代，说道，“早在公元前4世纪的时候，一个叫作纳巴泰的古老民族，就将佩特拉作为他们国家的首都。纳巴泰人善于经商，他们看中了佩特拉地处阿拉伯与地中海交叉之地的重要位置，将此处打造成了这一带的交通、贸易大枢纽，联通着印度和阿拉伯南部以及埃及、叙利亚、希腊和罗马。南来北往、西去东进的各路商贾在此云集，巨大的商业利益使这里变成了商业中心，热闹繁荣，在公元1世纪时，有两万多居民在这里安居乐业。”

“我们现在身处西亚，但我怎么觉得这古城有点罗马的味道！”丫丫说道。

“丫丫的感觉不错！”卡尔叔叔竖起大拇指，“罗马帝国盛极一时，所向披靡，在公元106年，此处被罗马五贤帝之一的图拉真攻陷，从此成为罗马帝国在中东的一个重要商业驿站，所以罗马文化在这里留下了深深的印记。统治者不断更迭，不变的是这里的富庶，这里依旧人烟熙熙，迎接四面商客。”沙漠的风沙扬天，吹起孩子们掩面的头巾，也在磨蚀着巨大的岩体。卡尔叔叔继续说道：“不过，这座城市最终也步入衰亡，成为废弃的空城，在这茫茫沙海之中，被埋没遗忘，直到1812年，才被瑞士的探险家发现，得以重见天日。”

佩特拉古城

知识链接

纳巴泰族：这是一个古老的民族，历史上活跃在约旦南部和阿拉伯北部。除了善于经商，他们还精通很多技能，比如修建收集雨水的水利工程、石雕建筑。这些技能帮助他们在这片干旱的沙漠地区不断壮大、繁荣发展。不过，佩特拉的建造者纳巴泰人在现代人的眼中，始终是一个谜一样的民族。鼎盛时期，纳巴泰王国的疆域从大马士革一直延伸到红海地区。纳巴泰人败于罗马人之后，一下子无影无踪，连一点线索都未留下，纳巴泰文明也逐渐在历史中迷失，只有一整座石城让现代历史学家和考古学家抓耳挠腮。

图拉真：罗马帝国五贤帝中的第二位。他是一位优秀的统帅，北征、东伐，使帝国的版图达到了极限。同时他也是颇具行政才能的执政官，能干、精力充沛、善于理财、公正严明。图拉真统治时期，罗马帝国发展到了顶峰，社会经济繁荣昌盛，国力空前强大。

“如此繁盛的城市步入衰弱，这到底是为什么？”走出佩特拉古城的洋洋摇着头不敢相信。

“这个问题，在下一个地点我再讲给你们听。”卡尔叔叔卖了一个关子，带领一行人向沙漠之南进发。

课后思考

1 你还知道哪些名人是犹太人，说一说他们的事迹。

2 说一说佩特拉古城繁荣的原因。

第八课　文明古国——埃及（一）

伟大的航路

穿越漫漫风沙，卡尔叔叔一行人来到了约旦的海滨城市亚喀巴，站在海港上，眼前碧波荡漾，每个人都享受着海风来带的清凉与湿润。

“叔叔，这片海叫什么名字？”丫丫问道。

“这片海叫作红海。”卡尔叔叔眺望海的另一边，说，“我们接下来，要去对岸的国家——埃及。”

洋洋想起了佩特拉古城衰落的问题，问道：“埃及与佩特拉古城的衰落有什么关系呢？”

“佩特拉曾是一个重要的枢纽，畅达的交通是它兴盛的重要原因。丝绸之路上的商人也将这里作为重要的一站，他们在这里将中国的特产转卖，或稍做停留后将货物带到更远的地方。”听着红海海浪拍打船身的声音，卡尔叔叔继续说道，“然而，渐渐地，这个原本喧嚣的交通中心却冷清了下来。地中海沿岸的，一座名叫亚历山大的城市却日渐繁盛。”

红海风光

“地中海？难道大家不走陆地了，改走大海了？”洋洋推测道。卡尔叔叔点点头：“没错。”

卡尔叔叔铺开地图，一边指着，一边慢慢地说：“时间回到唐朝，番禺城（广东古称）港口，水手们将东方的丝绸装船。他们要经过海南岛东面的海域，直穿西沙群岛附近海面抵达东南亚诸国，再穿过马六甲海峡，驶入印度洋，到达红海之畔的文明之地。”

听着卡尔叔叔的描绘，两个孩子明白了，这就是海上丝绸之路啊！

“那么久以前就有出海远洋的人们，真有勇气啊！”丫丫感叹道。

“其实海上丝绸之路在秦汉时就慢慢开始形成。东汉时期还记载了与罗马帝国的第一次来往：东汉航船已使用风帆作为动力，中国商人从广州出发，运送丝绸、瓷器经由马六甲和苏门答腊来到印度，并且采购香料、染料运回中国，印度商人再把丝绸、瓷器经过红海运往古埃及的开罗港，再由希腊、罗马商人从埃及的亚历山大港经地中海运往希腊、罗马的大小城邦。”卡尔叔叔一边说着一边在地图上指指点点。而在隋唐之前，海上丝绸之路仅仅是陆上丝绸之路的补充。在隋唐时期，伴随着我国造船、航海技术的发展，我国通往东南亚、马六甲海峡、印度洋、红海及非洲大陆的航路纷纷开通或延伸，海上丝绸之路终于替代了陆上丝绸之路，成为我国对外交往的主要通道。宋代的造船技术和航海技术明显提高，指南针广泛应用于航海，使中国商船的远航能力大为加强。在元朝时，这条路更是达到了鼎盛，在经济上采用重商主义政策的元朝，鼓励海外贸易，那个时候，中国的泉州港超越了广州港，与古埃及的亚历山大港，并称为‘世界第一大港’。”卡尔叔叔说道。

“原来如此，佩特拉衰落了，亚历山大却繁荣了。交通与贸易对城市发展居然如此重要。而且，真没想到都是四大文明古国的中国和古埃及远在千年前就已在丝绸之路上相遇了。”洋洋感叹道。

卡尔叔叔点点头：“亚历山大港是连接古代欧洲与东方贸易的枢纽，千百年来，中埃互通有无，官方往来、贸易互惠、宗教艺术传播延续至今。”

知识链接

苏伊士运河位于埃及东北部，1869年修筑通航，沟通地中海与红海。如果想走从印度洋到地中海和西太平洋附近国家的最近航线，就需要经过苏伊士运河。它是世界上最繁忙的航道之一， 也是亚洲与非洲的分界线，是亚洲与非洲、欧洲人民来往的主要通道。

苏伊士运河

尼罗河风光

晨光中，一行人徜徉在尼罗河边，船夫整理着桅杆。

“叔叔，听说埃及人将尼罗河称为他们的母亲河，为什么呢？”丫丫问道。

“埃及被称为尼罗河的赠礼。尼罗河上游流经热带雨林，带走了沿途的泥沙与植物，到了下游，它变得宽阔、平坦。河水缓缓流淌，定时的涨落、泛滥，给河谷铺上了一层富含养料的泥土，使这里变成了沙漠中的肥沃之地，庄稼可以一年三熟，农业可以很好地发展。于是，古埃及文明就在它的孕育下诞生了。”卡尔叔叔解释道，“贯穿埃及全境的尼罗河长达 1350 公里，灌溉着 240 万公顷的土地。在沙漠占国土面积 96% 的埃及，仅占国土面积 3% 的尼罗河谷和三角洲里，聚集着 96% 的埃及人。尼罗河之于埃及，正如黄河、长江之于我们的祖国。”

卡尔叔叔带着两个孩子上了观光车，问道：“考考你们，你们知道古埃及都有什么文化古迹吗？”

“我知道我知道，金字塔、木乃伊！”

“还有文字，还有神话！”

洋洋和丫丫抢着答道。

古埃及的文明遗珠

古埃及人用千年的时间创造了无数值得后人称赞的文明。虽然古埃及已在时间洪流中离我们远去，但留下的这些遗迹却如同一颗颗璀璨的珠宝，在人类文明长河中熠熠生辉。

一行三人来到埃及首都开罗，第一件事就是去参观金字塔。

“传说金字塔是外星人建造的呢！”丫丫很神秘地说。

“哈哈，之所以这样说，是因为金字塔本身有太多的未解之谜！”卡尔叔叔说道，“最令人费解的是它的建造之谜，金字塔中举世闻名的胡夫金字塔，塔身由230万块石头砌成，每块石头平均重2.5吨，当时的人们是怎样垒上去的，着实让人费解。更令人费解的是，这些巨石之间，未用任何物质黏合，却紧密得连一张纸都塞不进去。这在现在都是很难做到的，很难想象在公元前四五千年前，人们是怎么样做到的。”

金字塔

“那金字塔真是古埃及高超的建筑文明的体现啊！”丫丫赞叹道。

卡尔叔叔点头赞同，说道：“是啊，整个金字塔的设计，包含着丰富的数学奥秘、几何之美，包含着对自然、天文精妙的理解。”

“那金字塔是用来做什么的呢？”丫丫问道。

“目前，最被大家接受的说法，古埃及的金字塔是埃及法老和王后的陵墓。法老是古埃及人对国王的称呼，不过在知名的金字塔中，我们没有找到过法老的木乃伊，空棺材倒是找到了一些。我们眼前的三座金字塔，分别叫胡夫金字塔、哈夫拉金字塔和门卡乌拉金字塔，它们的主人是祖孙三代，都是古埃及第四王朝的法老。”卡尔叔叔望着直指太阳的金字塔塔尖，遥想着那个孕育灿烂文明的时代。

知识链接

木乃伊：古埃及人非常相信人死后，其灵魂不会消亡，仍会依附在尸体或雕像上，所以法老和大臣等死后，均制成木乃伊，作为对死者永生的企盼和深切的缅怀。

听完了卡尔叔叔的解释，洋洋又说道："我还听到过一种说法，古埃及金字塔还可以用来观测星辰。"

"没错。"卡尔叔叔接着说道，"古埃及在当时已经拥有相当丰富的天文学知识，并根据观测到的太阳和星辰的运转规律，推断尼罗河的涨落，制定历法。他们把一年分为三个季节，每季有四个月，他们还发明了水钟及日晷（用太阳的倒影来计时）这两种计时器，把每天分为24小时。那个时候的古埃及人使用的太阳历，已和我们现在用的日历差不多了。"

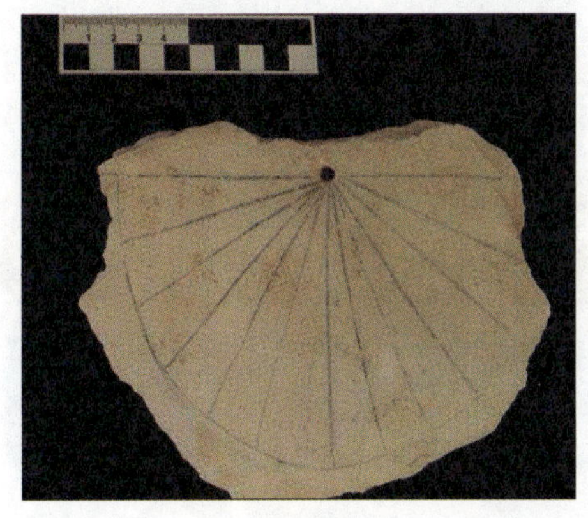

日晷

水钟

"看来，古埃及人真对太阳和星星研究得很多，不然，他们的研究也不会被现代人肯定啊。"丫丫说道。

"他们不仅是观测和研究，他们还对太阳、星辰有着强烈的崇拜。"卡尔叔叔继续说道，"每年夏天，当天狼星在黎明前升起之时，尼罗河就开始泛滥，因此古埃及人认为天狼星是掌管圣河尼罗河的神祇。他们建造神殿，祭祀天狼星。另外，古埃及人赋予太阳浓重的宗教色彩，并将其与法老的权利相提并论。太阳神在古埃及的形象很多，其中最著名的太阳神叫作RA（中文名"拉"），他被认为是众神之父，握有绝对的权威。古埃及法老常常称自己是'拉神之子'。"

洋洋笑道："怪不得古埃及有那么多神奇的神话传说！"

知识链接

北斗七星大家都不会陌生，它挂在北方的夜空中，仿佛表盘的指针，告诉人们时间的流逝。对于这七颗星星，世界各地人民对它的联想大同小异，其中勺子或者马车占了绝大多数。不过古埃及人对它的联想却很特别，他们认为，北斗七星是黑暗之神失去的一条大腿。黑暗之神负责掌管黑夜中的万物。其实一开始，他也曾想主宰光明世界，无奈在与另一位名叫荷鲁斯的天神的夺权之战中战败，还丢了一条大腿。于是，便有了北斗七星。荷鲁斯也因此成为太阳神。他的形象是一只眼睛，被称作荷鲁斯之眼，经常出现在古埃及文化中。

荷鲁斯之眼

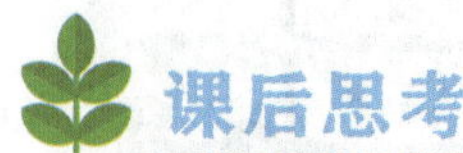

课后思考

1 说一说从东汉到元朝海上丝绸之路的发展。

2 你还知道古埃及的什么历史古迹或神话传说？

第九课 文明古国——埃及（二）

喜欢穿丝绸的女法老

“孩子们，提起中国的女皇帝，你们肯定都知道是谁。但是你们知道吗，早在公元前70年到公元前30年，古埃及也有一位女法老。她的美艳和才华让她的一生极富传奇色彩，后世有很多关于她的文学作品、电影作品。”卡尔叔叔说道。

电影中的克利奥帕特拉七世

“这可难不倒我，就是埃及艳后嘛！”洋洋说道。

卡尔叔叔点点头：“大家常说的埃及艳后的名字是克利奥帕特拉七世，是古埃及托勒密王朝的女法老。这位聪颖机智、擅长手段、心机叵测的女法老，深陷罗马共和国末期的政治漩涡。随着她的死去，长达300年的埃及托勒密王朝也成为历史，埃及也变成了罗马帝国的一个省。”卡尔叔叔讲解道。

“叔叔，埃及艳后和我们接下来的行程有什么关系吗？”丫丫问道。

“埃及艳后特别喜欢一种布料，这种布料可是从远在东方的中国运来的。”

“不用说我们也知道，”两个孩子相视一笑，说道，“丝绸！”

“没错，接下来我们去的地方，就和丝绸密不可分。”

克利奥帕特拉七世

卡尔叔叔一行人来到了埃及第二大城市亚历山大。这里有一座以它的奠基人亚历山大大帝命名的港口——亚历山大港。

终于来到了刚到埃及时就提到的历史上和中国泉州齐名的古代大港，洋洋激动地说道：“还记得以前卡尔叔叔讲过，亚历山大大帝是马其顿帝国国王，是一位雄才大略的军事家，统一了古希腊全境。”

“是的，统一希腊之后，公元前332年，亚历山大大帝又占领了当时的埃及，把我们现在所在的城市，作为当时马其顿帝国埃及行省的总督所在地。亚历山大大帝占领埃及之后不久，就开始建造亚历山大港。建好后，地中海沿岸国家的商人纷纷来到这里，为这里带来了繁荣。”卡尔叔叔继续说道，“他死后，埃及总督托勒密在这里建立了托勒密王朝。我们说的埃及艳后，就是这个王朝最后一位女法老。”

“埃及艳后公元前70年继位，”洋洋思索着，说道，“那个时候，正好是中国的汉朝，正是丝绸之路形成的时候呢！”

“是啊，她非常爱穿中国的丝织品。尼罗河的能工巧匠，为她用针将丝绸拆开，重新编织成网眼明晰的华服或饰品。当时的贵族都将拥有一件丝绸制品视为荣耀。”卡尔叔叔说道，“在她之后，便是罗马帝国统治着埃及。罗马管理下的亚历山大港也很繁荣，古希腊和古罗马都是擅长航海和贸易的国家，所以

很快将这里变成了古代地中海—红海—印度洋贸易的枢纽，当年从中国运来的货物，如果要去北方的地中海就得在亚历山大港装卸并转运，所以亚历山大港成为海上丝绸之路的重要一环。”卡尔叔叔带着两个孩子沿着海岸线走着，继续说道：“公元5世纪以后，埃及人民开始用中国运去的生丝做原料，在当地加工织物。亚历山大一时成为重要的丝织物中心。就这样，一座地中海海边城市因为中国丝绸的畅销而焕发出夺目的光彩。”

说完，卡尔叔叔指向前方说道：“你们看前面的城堡，那是卡特巴城堡，它的前身是亚历山大灯塔。这个灯塔巍然屹立在亚历山大港外1500年，灯塔之光在60公里外都能看到，是那时漂泊在海面上的商人的希望。但是，因为在两次地震中极度受损，灯塔最终完全沉入海底。”卡尔叔叔说着，拿出了灯塔模拟复原的图片，说道，“后来，当时的国王在这座灯塔的废墟处用灯塔的石块修筑了城堡，就这样，灯塔摇身一变，成了当时整个埃及甚至整个地中海沿岸最坚固的防御工事之一。”

卡特巴城堡

亚历山大灯塔绘画作品

“没想到在地图上相隔天涯的中国与埃及，居然因细细的丝线紧密相连。”丫丫望着茫茫大海，想象着这里当时的繁华与喧闹，想象着当时，漂泊在海上的商人在灯塔之光的指引下，奋力走完漂泊的最后一程。

“那如今呢？亚历山大港现在还是那么重要吗？”洋洋问道。

“亚历山大港现在依然是埃及最重要的港口之一。从古至今，历史的演变、文化的兴衰改变不了埃及在地理位置上的重要地位，它依然是那个亚洲、非洲之间的交通要冲，大西洋与印度洋之间的海上捷径，只不过更深的潜能得到了开发。埃及是个石油和天然气资源较为丰富的国家，这里的长绒棉也享誉世界，因此运送的货物，由过去的丝绸、香料，变成了棉花、化肥、石油等工业产品。如今，这座港口与其他港口，海陆运输，一起构建了埃及良好的交通系统。”卡尔叔叔看向远方，“埃及现在还有很多没有被开发的处女地，等待着人们的探寻与筑建。”

1 说一说历史上亚历山大港在航运中的作用。

2 你对埃及的哪方面感兴趣？说说你的想法。